Kamals Sange
- storskrift

Enkel og klar, med dejlige, matchende illustrationer

Hver gang jeg læser bogen, dukker der noget nyt op som om sangene har flere lag. De spænder i sit udtryk fra alvorlig til finurlig, og minder en om, at man aldrig er alene.

Natalie Key Öberg har med nogle dejlige illustrationer, indfanget den enkelhed, sangene er skrevet i. Jeg beundrer de flydende, blide og drømmende overgange mellem farverne.

Jeg oplever figurerne i illustrationerne som børn. Det er naivt at sætte et barn, en kat, et træ og en måne sammen i ét billede, når sangene også handler om højere livsvisdom, men der kan ligge så meget symbolik i disse valg; for hvem andre end børn og upåvirkede dyr har det åbne sind mod livet, som vi voksne har glemt?

- Linda Kocsis (forkortet)

Kamals Sange

- storskrift

Ved I. B. Fandèr

Jeg er en fremmed guddom,
der hvisker i dit øre.
Ikke at du skal følge mig,
men min tak, fordi du også fik tid
til at lytte til min stemme.

Original forsidevignet af
Jørgen-Palle Nielsen

Kamals Sange
Storskrift
Copyright © 1948 I. B. Fandèr
Udgiver: Erik Istrup Publishing © 2018
Tryk og distribution: Ingram Spark
Skrifttype: Palatino, Hero (cover)
ISBN 978-87-92980-68-7
Omslagsdesign: Erik Istrup
Omslagsbillede og illustrationer:
Natalie Key Öberg © 2018

På sidste side kan du læse
historien om bogen

Erik Istrup Publishing
Jyllandagade 16 stth, 9610 Nørager,
Danmark
eip@erikistrup.dk
www.erikistrup.dk/publishing

Tak

Jeg takker Natalie Key Öberg for hendes vidunderlige illustrationer som fylder bogen med farver og liv.

Erik Istrup

Forord

Lige som Neale Denald Walsch i "Guddommelige samtaler", giver Kamal os, med sin poetiske stil, en sjælden lejlighed til at få et glimt af en søgers oplevelser i en dialog med Den Ene. Vi bliver vidne til hans dybe kærlighed og indføling for menneskeheden og hans ærlighed og hengivenhed for det guddommelige.

Kamal er en mester i at se det guddommelige i selv den mindste ting, og minder os dermed om, at alt er guddommeligt og har et formål. Han viser os, at ligegyldigt hvor vi er, så er vi på det rigtige sted, på det rigtige tidspunkt, velsignet af Alt Som Er for hvad vi gør og hvem vi end tror vi er.

    Erik Istrup

*

Da Kamal overlod mig sit manuskript, sagde han: "Hvis min dagbog kan vise nogen noget, har jeg ingen ret til at forholde andre mine oplevelser, men mange kunne forledes til at tro, at jeg er noget særligt, så de ville opsøge mig i stedet for at lytte til deres egen indre stemme og det ville være synd for dem. Jeg vil bare ikke selv fremtræde som forfatter."

    I. B. Fandèr

Da jeg drejede om hjørnet, var der en lille fattig blomst, der lyste i vejkanten. Jeg vidste, det var dig, der smilede til mig.

*

Var det virkelig dig, der lo, da jeg sagde, jeg forstod livet?

Var det nu, fordi jeg sagde, jeg forstod det eller fordi jeg sagde det til dem, der ikke ved, hvad det er at forstå?

*

Hvorfor smiler du, når jeg prøver at være meget højtidelig?

Tilgiv mit spørgsmål. Jeg kendte jo svaret. Ellers havde jeg ikke spurgt.

*

Når jeg ikke gør din vilje, ler du bare af mig. Ikke for at håne mig, men fordi, du synes, det ser så pudsigt ud, når jeg tror, jeg kan gøre en hel masse selv.

*

Der var en dag, hvor jeg var blevet meget vred på dig. Ih, hvor jeg gemte mig med al min vrede og vendte dig ryggen.

Men, så stod du der jo også på den anden side af mig med et stort spejl. Hvor vi dog begge lo.

*

Sommetider får jeg meget travlt.

Så trækker du dig helt beskeden tilbage. Jeg maser omkring, fyldt med ideer og gør ting.

Enten det går godt eller ej. Tak for din uendelige tålmodighed og mildhed, når jeg vender hjem.

*

Jeg tror da også altid, at du er til for min skyld.

Sommetider tror jeg faktisk, at det er denne min frimodighed der gør, at du finder behag i mine sange.

*

Hvorfor skal du nu også altid have ret? Her kommer jeg og bebrejder dig, at der er krig og ondskab i verden. Så kommer du bare med tidens store spejl og viser mig, hvorledes det kun er i min lille latterlige, kortvarige verden, der findes ondskab og krig.

For dig eksisterede alt hvad jeg ser kun som et glimt i en dugdråbe, der på sin vej over bladets saftiggrønne flade druknede en bladlus.

Hvor var det ligetil. Og hvor var det tungt, da du igen tog dit spejl bort fra mit blik.

*

Hvor blomstrede de to jasminer
i haven dog skønt i år, og som de
duftede. Og så bad du mig endda
undskylde, at du måtte bruge så
grove midler, for at få mig til at
opdage dig.

*

Nu har jeg gået her og længtes
efter dig. Og så gik du tankefuld
bag ved mig hele tiden.

*

Man sagde, du havde ladet din
straf komme over hende, men hun
længtes bare efter dig.

*

Jeg troede engang, jeg skulle finde
dig, men det var dig, der kom til
mig.

*

Det gør jeg altså aldrig mere!

De havde spurgt mig, hvad jeg var. Og så svarede jeg: "Mystiker".

Så bad de om at se nogle kortkunster! Ja, det morede os begge en del, men hvorfor må jeg dog aldrig fortælle sandheden om os?

*

Hvad var det dog for et sted, du tog mig med hen i går? Der troede jeg ikke du kom.

De drak, sloges og bandede hele tiden. Men da den lille, lyse pige i hjørnet ovre ved baren gik hjem alene, kaldte hun vist på dig. For du gik hen og hviskede noget til hende. Og jeg så hun smilede.

*

Kan du huske, hvor højtidelige de blev, da du tog mig under armen og tog mig med derind til dem?

De lukkede vinduerne, og satte sig andægtigt ned og bladede i sangbøgerne, og sang så med hæse, falske stemmer sære salmer.

Jo, jeg husker godt, at vi begge blev rørt, men jeg var glad for, at vi ikke blev der så længe.

Men de opdagede nu i øvrigt heller ikke at vi forsvandt.

*

Men det værste var dog den dag,
du viste mig ham, der havde
fundet sandheden og kunne
fortælle den til alle og enhver.

   Da satte vi os stille ud ved
bækken og græd.

*

Hvorfor hvisker du altid, når du vil
sige noget vigtigt? Jeg må altid gå
bort fra larmen for overhovedet at
kunne høre dig.

*

Så har vi altså også været til motorløb. Ja, det var jo ikke så svært at synes bedre om dem, der kørte end om alle dem, der stod og ventede på, at det skulle gå galt.

Men du kunne nu lide dem alle sammen. Kan du huske ham der på hjemvejen havde kendt alle resultaterne i forvejen?

*

Den videnskabelige kongres, du tog mig med til forleden, har givet mig meget at tænke på.

Ved møderne - ja, du havde ret - var de alle sammen bange for at blamere sig for hinanden, så de omhyggeligt indpakkede deres tanker.

Men jeg var glad, du viste mig de to, der på den fælles udflugt sad stille og så på naturen, da solen gik ned.

Ja, jeg forstod ikke meget af det de drøftede på hjemvejen, men du sagde, at netop det, der kom ud af den samtale, var årsagen til, at du havde ladet kongressen mødes.

*

Men jeg glemmer aldrig den dag med psykoanalytikerne. De havde så travlt med at opdage hinandens komplekser, at de alle gik sultne fra bordet, og måtte spise natmad, da de kom hjem.

Men du sagde, at der ikke var andet at stille op med dem, end at lade dem snakke til de blev trætte og fandt på noget bedre.

*

Tak, fordi du førte mig til den
gamle mester.

  Jeg så, du lod eftermiddagssolen
kaste et gyldent skær over hans
sølvhår, da han smilende bød os
farvel.

*

Tak, fordi du i morges vækkede
mig så tidligt, og lod mig se,
hvor nænsomt du pustede på
sølvpoplens blade, så du vækkede
alle havens fugle.

*

Jeg kan nu ikke lide, at du laver alt det stormvejr. Men da jeg spurgte dig, sagde du, at det var fordi der var et par gamle træer, som du gerne ville have op i din egen have, da de var blevet så store, at de tog lyset fra de spæde spirer i bunden af skoven.

*

Hvor ofte undrer jeg mig ikke over, at du har valgt netop mig til din ledsager. Men da jeg spurgte dig, sagde du bare, at det kunne du faktisk heller ikke forstå. Og så lo du så mildt til mig.

*

Tavs og indesluttet sad han i sit kammer og granskede stjernernes gang, og gjorde sig døv for din tale.

Hvorfor vil de dog alle hellere prøve at kigge gennem nøglehullet i din bagdør end spørge dig selv?

Hvem har dog skræmt dem sådan?

*

Det er sært, de siger, de søger dig.
Og så prøver de blot at aflure dig
dine hemmeligheder.

At du ingen har, er måske din
eneste hemmelighed. Når du så
prøver på at forklare dem det, og
siger: "Intet er skjult." Så hører
de bare ordet "skjult", og borer
sig dybere ned i den jord, som de
sagde, de ville løfte sig fra.

*

Tak, fordi du gav mig nøglen til
alverdens sprog, og lærte mig, bag
om ordenes betydning, at forstå
den, som talte.

*

Jeg ved godt, at du også er i mørket. For du har selv vist mig det, men havde jeg ikke lært dig at kende i lyset, tror jeg ikke, jeg havde vovet mig derind, dengang for mange år siden.

Vi havde vist kendt hinanden et stykke tid, og så kom du og sagde til mig, at jeg aldrig lærte dig at kende ved kun at se dig ude i lyset. Og jeg vidste du havde ret.

Men, hvor blev jeg bange, da mørket slog sammen om os.
Men du lo bare, og sagde, at det mørke, jeg så, kun var det mørke, jeg selv skabte.   Og jeg vidste, du havde ret.

Den dag tændte du et lys for mig, og siden så jeg aldrig mørket.

*

Nu var vi lige blevet enige om at helvede er her på Jorden.

   Og så kommer du og siger, at den, der ikke kan finde Paradiset her, heller ikke finder det nogen andre steder.

*

Det er mærkeligt med sådan et selskab. De sidder alle og taler om hver sit og er meget bange for ikke at få sagt alt det, de gerne vil.

Når vi har det allerbedst sammen, er vi bare stille.

*

Da vi traf hende i dag, var hun på vej til sin ven.

Men alligevel fik hun tid til at høre på dig.

Jeg er sikker på, han blev glad da hun kom.

*

Hvor var han dyb i sin søgen, da hans blik traf mit i dag. Jeg tror, han følte din nærhed.

Og nu går han sikkert rundt og tror, at jeg er dig.

Jeg beder dig, lad ingen forledes til at tro, at vi er den samme, men lad mig synge mine sange og tag deres taks byrde på, dig.

*

Af den lange samtale, vi havde, da vi først mødtes husker jeg tydeligst, da du sagde: "Du skal fra denne dag lære, at du er med til at skabe, vidende. Før gjorde du det uden at vide det, men fra i dag, må du enten sige ja eller nej til mig".

*

Hvad skader det mig, om dem, du gav mig at elske her på Jorden, ikke var min kærlighed værdig? Blot jeg var værdig, at give din kærlighed til dem.

Du gav mig jo netop den, for at jeg med den som redskab skulle skabe. Men du sagde ganske vist, at jeg måtte bygge din bolig af de bedste sten, og kastede de andre bort.

Da jeg så spurgte dig om, hvad du så gjorde med dem, sagde du, at de slagger, der ikke kan bruges nu, vil du bruge, når du bygger et nyt univers.

*

Tak for alle de bøger, du gav mig,
før jeg havde lært dig selv at kende.
Men endnu mere tak for den
forårsdag, du tog mig ved hånden
og førte mig bort fra bøgernes støv
til den kåde klukkende kilde under
det gamle træ med de spæde skud.

*

Du bød mig dele ud af dine rige gaver og aldrig at såres på dine vegne, når modtageren sagde: "Hvad skal jeg med det?"

 Du bød mig at dele, det du gav mig, med mine venner og ikke såres, når de ikke tog mig højtideligt.

 Du sagde det skulle være mit værn. Nu ved jeg, du har ret.

*

Sommetider, ja, du må meget undskylde, kan det virke lidt generende, at du er med, når jeg er ude blandt mennesker.

Vi vækker nogen opsigt, og de andre tror, det er mig, der er noget usædvanligt. Men, naturligvis, det ligner mig at beklage mig over den mindste ulempe. Det vigtigste er dog, at du kom til mig og fyldte mig med dine toners skønhed.

*

Der var forleden en, der spurgte mig, hvorledes jeg forestillede mig dig. Personlig eller upersonlig.

Jeg syntes selv mit svar var så godt. Jeg svarede: "Personligt forestiller jeg mig Ham upersonlig, men jeg er ikke i tvivl om, at Han nok skal finde en eller anden håndgribelig form at fremtræde i, hvis Hans kærlighed fordrer det."

Du stod bare og lo af mig, eller måske smilede til mig.

*

Jeg ved godt, at du er en hel masse udover det, du har vist mig af dig. Men så længe du ikke selv løfter sløret for det, er det vel, fordi jeg ikke har brug for det endnu.

*

Kun én gang så jeg dig blive alvorligt vred. Det var kort tid efter vort første møde.

Jeg havde spurgt dig, om jeg kom dig nærmere ved at give afkald på kød, vin, tobak og fysisk kærlighed. Du næsten råbte: "Hører du da til dem, der tror, de kan handle med mig?"

Men da du forstod, det ikke var min tanke, satte du dig mildt og stille ved min side og forklarede mig, hvorledes den, der søger dig i glæden, hvori den så end måtte bestå, stedse vil få sit begær forædlet, og at han derfor lidt efter lidt vil finde stadigt finere udtryksformer for sin glæde.

Men at selv det højest udviklede væsen vil have brug for en enkelt lille "last" af hensyn til dem, han skal tale med. Ellers ville han virke alt for usædvanligt og ikke komme i kontakt med nogen. Og så fortalte du om den fysiske kærlighed, om hvorledes den, der ikke har kunnet opfylde den, som regel heller ikke kan føle nogen anden form for kærlighed.

"Sig til dem, der spørger dig: Gør den fysiske kærlighed til en gudstjeneste. Så vil jeg skænke dem svaret på alle spørgsmål."

*

Vanskeligheden ved at forstå dig, ligger vist i at vi mennesker søger at presse dig ind i en bestemt form.

*

Du sagde engang til mig: "Du skal gennemleve mangt og meget, som andre tror, er store synder, for at kunne lede dem, for hvem det er det. Men få dem nu endelig ikke til at tro, at det er en naturlov, at de også skal det. Det er sund fornuft og ikke blind slavelydighed, jeg har brug for hos jer."

*

Tak, fordi du viste mig, at du er i
det daglige liv. Du blev aldrig træt
af at lade blomsterne flokkes ved
min fod. Men jeg var sommetider
for sløv til at se dem.

*

Lær mig som sivet at bøje i vinden,
at jeg ikke som skovens kæmper
styrter til jorden og knuser
blomsterne i din have.

*

I timevis stod han og råbte dit
navn på et sted, hvor han troede,
at ingen så ham. Men han råbte så
højt, at han slet ikke hørte, når du
stille sagde: "Jeg har altid været
hos dig".

*

Når han optændt af andres tanker
om dig, sad opslugt af bøgernes
sort-hvide blade, gjorde staklen sig
blind for dit milde farvespil i hans
elskede hustrus øjne.

*

Tak, fordi du lod mig møde ham i dag, som tror, at jeg ikke kan lide ham. Min smerte er stor, når jeg ser ham ruste sig mod et angreb, jeg aldrig ville gøre på ham.

Lær ham at smile, at hans smerte aldrig må blive så stor som min.

*

Tak for det smil, du tændte i min elskedes øjne, da hun drejede omkring hjørnet og leende løb mig i møde.

*

Du viste mig engang to billeder og
sagde, de betød det samme.

På det ene lod en kvinde en
kam glide igennem sit hår, og
man så hendes hår blive blødt
og glansfuldt under tænderne på
hendes kam.

På det andet sad en mand og
spillede for en ven, der var oprevet
i sit sind, og man så, hans sinds
fibre rette sig under tonernes klang.

*

Alle I med de lange klæder, der gerne lader jer hilse på torvene.

 Hvorfor viser I altid korset frem og dølger rosen under jeres mørke klæder? Eller fandt I den aldrig?

*

Tak fordi du lod mig synge dine sange og altid var så overbærende, når jeg ikke helt kunne give de udtryk, du gerne ville have frem.

*

Da jeg i morges åbnede døren
ud mod skoven, spillede
morgensolens stråler i dugdråberne
i et helt nyt spindelvæv, der
kunstfærdigt var ophængt mellem
taget og birketræet.

Jeg var selv som et spejl. Og mine
følelser perlede som dugdråber på
mine tankers spindelvæv. Op ad
dagen fordampede dugdråberne,
og spindelvævet blæste bort. Men
oplevelsens funklende diamant gav
du mig til evigt eje.

*

Nu sidder jeg her i min stue fyldt med indtryk, som jeg altid er, når du har besøgt mig.

 Jeg må huske i morgen tidlig at se efter om de rosenknopper har foldet sig ud.

*

Lær mig som Solen altid at skinne, og aldrig at spørge om hvorpå.

*

Det var makabert, og du indrømmede det også selv. Vi kom lige fra et sted på Jorden, hvor mennesker pinte og dræbte hinanden i en vild blodrus.

   Jeg var dybt rystet i mit indre og ét stort "hvorfor".

   Så satte vi os stille ned, og du fortalte om, hvorledes du havde givet dem alle evnen til at skabe, og om hvorledes mange først måtte skabe det slette, før de indså hvad der var din vilje med dem, men at det egentlig ikke betød så meget. For din plan med dem gik over millioner af år, så at selv det værste af det, de kunne finde på egentlig ikke fik nævneværdige virkninger på dit univers.

   Det kunne jeg jo også nok forstå

med min forstand, men deres smerte var stor.

Så spurgte jeg dig, om deres smerte, og deres bødlers had, da ikke kastede skygger ind over dit værk.

Men så sagde du: "Kun den, der i ubegrænset kærlighed til alt levende har lært mig at kende, kan selv skabe i et sådant omfang, at det griber ind i mit værk. Men han vil aldrig kunne skade nogen i kraft af sin kærlighed.

Og de andre er alt for optaget af deres eget, til at de i dette deres liv kan komme til at anvende de skaberkræfter, som kærligheden er den eneste nøgle til."

*

Du finder da også altid på noget. Nu har jeg gået her og sukket efter dig, og så sad du og legede med hyldetræets blomster, helt optaget af at puste små sorte fluer på dem.

*

Jeg havde lige fundet ud af en hel masse, og kom dig ivrig i møde og begyndte at fortælle dig om det alt sammen.

Og du stod stille og lyttede med et smil. "Er du nu også helt sikker på, at du har fundet ud af alt det selv?" spurgte du. Og så lo vi begge.

*

I går var vi i en fremmed by.
Næsten alle huse lå i ruiner. Du
førte mig ned i en kælder, hvor kun
en lille sprække lys kom ind.

   Ovre i et hjørne lige overfor
sprækken lod du et øjeblik din
solstråle glide hen over et par
gamle udslidte øjne, der som en
boble bristede.

   Jeg så godt, at hun ikke var
klar over, at det var dig, der ledte
hendes første skridt ind i din
verden.

*

Jeg har aldrig rigtigt forstået dem, der vil føre lange og indviklede beviser for, at du er til.

De kunne ligeså godt prøve på at bevise, at Solen hver morgen står op. Men de tvivlede vel i deres hjerter.

*

Tak, fordi du gav mig smilets gave. Lær mig, aldrig at bruge den til noget andet end til at tænde dine lys, så dine stjerner altid må lyse her på Jorden. Og når du engang lader din hånd glatte mine træk ud, lad da mit sidste udtryk, som mine kære vil have at mindes, være dit milde smil.

*

Den varme strøm, som du lader
mit lille skælvende hjerte føle i din
nærhed, lad den fra mine årers
fineste net flyde ud og omslutte
Jorden.

*

Lad mig som dine stjerner stille
opfylde din vilje. For du gav mig
min frie vilje, for at du kunne se
mig frit komme til dig.

*

Lad mig altid være åben, når du nærmer dig, at du ikke bedrøvet vil finde min dør lukket.

*

Det er mærkeligt.

Jeg har tit så meget at gøre, men du har altid tid.

*

Tak fordi du lærte mig, at det ikke gælder om at fortælle hele sandheden om dig på en halv time.

Men om at give den, der spurgte, netop det, som han havde brug for, for at komme dig nærmere.

At det ikke altid lykkedes for mig, ved du alt for godt.

*

Da hun hørte mine sange, sagde hun til mig:

"Mon ikke alle vil tro, at de er skrevet til et menneske?"

Så spurgte jeg hende bare, om hun nu var sikker på, at der er så stor forskel. Jeg tror nok, det morede dig en del.

*

Da jeg i morges åbnede vinduet,
kastede du leende en stor sæk
af dit allerfineste solguld lige i
hovedet på mig og sagde, at det
skulle jeg have at dele ud af i dag.

*

Tak, fordi du forbød mig at
indtræde i noget broderskab af
dem, der siger, at de har patent på
dig.

Tak, fordi du sendte ham til mig,
der altid søgte det betingelsesløse.

Du var altid betingelsesløs, for du
havde tid til at vente til jeg også var
det.

*

Mine venner går derude i haven.

Du og jeg sidder bare ganske stille herinde i stuen, og glæder os over, at de er til.

*

Korsfæstelse, lidelse og død er, hvad de byder hinanden. Opstandelsen forbeholder de sig selv.

Var det dig der hviskede til mig, at jeg skulle tage det ganske roligt, da det alligevel bliver som du har bestemt det?

*

Du er nu ikke altid nem at have med at gøre.

Ustandselig finder du på nye ting at kaste mig ud i.

Men efterhånden har jeg vist lært, at du gennemgående har en ret god mening med, hvad du sådan finder på med mig.

*

Da vi i dag gik forbi hendes hus, hang hun ud af vinduet og skældte ud på alle ungerne.

Det kan godt være, de havde fortjent det. Men da du trådte hen til hende, vidste hun slet ikke, hvad hun skulle gøre. Og så legede vi med ungerne i stedet for.

*

Da jeg læste mine sange igennem,
opdagede jeg, at der var tanker,
der syntes at modsige hinanden, og
spurgte derfor dig, hvad jeg skulde
gøre ved det.

Så svarede du: "Den der ikke
forstår, at jeg både er alle ting og
alle tings modsætning, vil alligevel
ikke forstå dine sange, så lad det
roligt forblive, som det er."

*

Vi talte om poesi, og så sagde du: "Mig generer det ikke, at kvindens legeme og sjæl er blevet vendt og drejet og detailleret kommenteret af den sidste tids digtere. For dels må du stadig huske, at selv den værste pornograf, bare er en side af mig, og endelig er jeg nu ikke så bange for at menneskene ikke skulle få lyst til noget andet nu og da."

*

Stærene løber omkring på græsplænen. Helt optaget af muligheden for en fed regnorm.

Om dog blot min iver for at gøre din vilje kunne blive lige så stor.

*

I morges kom jeg til at se på den lille pige, der skyndte sig på vej til skole. Ja, jeg kendte hende ikke, men da hun mærkede mit blik kniksede hun dybt. Tænk, at jeg først da opdagede, at du kikkede ud af hækken bag ved hende og smilede til os begge to.

*

Hvor dine solsikker dog forstår det. Hele dagen vender de ansigtet lige imod dig.

*

En dag, hvor jeg priste dig særligt højt, sagde du bare: "Det behøver du såmænd ikke.

Jeg er den, jeg altid var, det er dig selv, der blev en anden, da jeg kom til dig."

*

Kampberedt satte hun sig på kanten af min stol, helt optændt af harme over noget jeg havde sagt om dig.

Ja, jeg måtte vist afstå fra at fortælle hende, at du ikke lod dig afficere af så lidt, hverken af, hvad jeg sagde eller af hendes vrede.

*

Sommetider bliver jeg så glad for at høre din stemme, at jeg rent glemmer at lytte efter, hvad du siger.

*

Hvor forunderligt tænder du ikke det ene lys efter det andet for mig.

Tænk, hvor har du dog mange.

*

Tilgiv mig, at jeg ikke straks nedskrev den tanke, du gav mig i morges.

Nu er den ikke mere hos mig, og kommer måske aldrig igen.

Men jeg ved, at det kun var en form, og at du er uendelig og derfor nok finder en ny form.

*

Tak for alle mine små og store latterligheder, der gør det så svært for andre at se, hvem jeg er.

Havde jeg ikke dem, ville de ustandseligt kræve mig til regnskab for alt, hvad du foretager dig.

Nu kan jeg dog nøjes med det, de tillægger mig.

*

En dag, du havde været særlig god imod mig, sagde du: "Du må endelig ikke tro, at du er mere guddommelig end de andre. Dit eneste fortrin er, at du ved, at du er det."

*

Forleden rakte du mig en meget ædel harpe.

Jeg vidste ikke hvordan jeg skulle spille på den.

Så tog du den, spillede et lille stykke og viste mig, hvorledes jeg skulle gøre. Jeg prøvede lidt, men syntes det lød forfærdeligt efter det du lige havde spillet.

Men ja, mærkeligt nok, du så meget gladere ud for det jeg havde spillet end for dine egne toner.

*

Det var mærkeligt, de så alle sammen ud, som skulle de stille til klø.

Og så var de på vej til dit hus søndag morgen.

*

Du sagde engang:

"Jeg er glad for, at I søger at lære mig at kende, også gennem videnskaben. Men jeg må sige, at det er rigtig nok nogle snurrige veje I ofte vælger. Ja, sommetider kan I næsten lære mig ting om mig selv, som jeg knapt nok vidste."

*

Lær mig ikke at græde over
lidelsen. Men jeg vil have lov til
nu og da at græde over, at jeg er
bundet i et legeme, der lever, hvor
den findes.

*

Han sagde:

"Vort samfund har svaret på alle
spørgsmål, men du må give afkald
på alt. Så vil vi bringe dig den
højeste udvikling på den korteste
tid."

Jeg svarede:

"Så vil jeg begynde med at give
afkald på den højeste udvikling."
Men så blandede du dig i det
og sagde, at det skulle du nok
bestemme.

*

Han sagde:

"Jeg vil give dig den højeste magt på Jorden. Men du må kun bruge den, når jeg giver dig lov."

Så hviskede du til mig:

"Så ærligt har han aldrig talt endnu. Det er fordi han føler min nærhed. Selvom han ikke kan se mig."

*

Du sagde:

"Vejen til mig går fra vest til øst og tilbage til vest, og fra øst til vest og tilbage til øst."

*

Ofte syntes jeg at udtrykkene i mine sange var for hårde, og nemt kunne såre nogen for dybt.

Men så sagde du:

"Det skal du ikke tage dig af, for de kender alle sammen nogle andre, som de passer på."

*

Når jeg sagde jeg søgte dig, rystede de på hovedet af mig og lod mig gå. Da jeg sagde, jeg havde fundet dig, kastede de sig over mig, og jeg måtte flygte.

*

Det er egentlig mærkeligt, men det er lettere at få mennesker til at ville dø for en sag end at få dem til at leve for den.

Måske er grunden, at døden kun kræver livet som indsats én gang, medens livet kræver det hver dag.

*

Giv mig styrke til at sige ja til det hæsliges eksistens.

Men lær mig også at takke for skønheden.

Du er jo dog i begge dele.

*

Jeg er et af de sølvstænk, du lod
dine skummende bølger kaste op
mod Verdens klippe.

   For et nu lod du din nedgående
Sol kaste et glimt i min krop, før jeg
igen sank tilbage i dig.

*

I dag viste du mig dine skygger.
Jeg så hvor de fremhævede dit lys.

*

Hvor var hun tindrende i sin begejstring over det, vi viste hende.

Jeg så, hvor strålende din glæde lyste på hendes ansigt, da hun jublende omfavnede mig.

*

Sjælenes kontakt er en underlig ting. Nu har jeg kendt den så længe og ved endnu ikke om den bringer smerte eller glæde.

*

Du blev aldrig træt.

Og jeg blev det vist egentlig kun, når jeg gik imod din vilje.

*

Deres Gudstjeneste var smuk.

Og jeg så lysenes genskin i deres øjne, men øjne kan nu lyse selv.

*

Hvorfor følger dit blik mig så bekymret i dag?

Det lød utroligt, men du sagde, at det var fordi du ikke var sikker på, at jeg helt forstod omfanget af din kærlighed.

*

En dag kom du helt udkørt til mig og sagde:

"Nu har jeg i næsten tre timer måttet høre på, al deres højtidelige præk om straf og synd.

Bare de dog ville ophøre med at bruge "de andres synder" til ustandseligt at nedkalde straf over jer alle sammen.

Kom lad os gå ud, hvor der er nogen, som morer sig og er glade.

Lad så være, det kan være på, en lidt forkert facon.

Jeg trænger til at se mennesker."

*

Da han havde læst mine sange igennem tænkte han på sine bekendte og var meget begejstret.

Da der var gået nogen tid frygtede han, at nogle linjer kunne gælde ham selv, og sagde, at sådan noget vist egentlig var tidsspilde.

*

Hvor var han dog dampende ung, da han ivrig fortalte mig, hvordan alt skulle ordnes.

Tak fordi du hviskede, at jeg ikke skulle afbryde ham.

*

Det er Nat. Den tysttonede tavshed
brydes kun af den ensomme
vandres skridt og dit åndedrags
trygge rytme.

   Snart skænker Solen dette
sagte nu mindets morgengyldne
mildhed.

*

DU SAGDE

Ethvert menneske er et led i den helhed, I kalder Gud.

Denne helhed kunne ikke bestå uden et eneste af sine led.

Jeres opgave er det derfor at finde frem til netop jeres opgave og at løse denne på den bedste måde, uden hensyn til hvori den består.

I kan roligt ære og agte religionerne som de rettesnore de er for alle, der endnu ikke har formået at se det, der forener dem.

*

Ligesom Solen altid lyser, selvom jeres Jord drejer for at få dens lys og varme på alle sider. Således lyser min kærlighed altid på jer.

Men I ved bare ikke, at I gør ligesom den Jord, hvorpå I lever.

*

Ingen handling gør nogen til synder. Men ethvert begær efter dens resultater er synd og den eneste synd.

Ingen handling binder nogen. Men alle begær binder. Og den, der er bundet, kan kun løse sig ved handling.

Kun den er fri, som handler for handlingens skyld og skænker mig dens resultater.

*

Du må gerne plukke blomsterne i min have og jeg er altid glad, når de kan bringe bud om mig til dine venner. Du må gerne spise af alle frugter og rødder i haven.

Og du må også gerne dræbe og spise dyrene. Men er du nu sikker på, at det egentlig er nødvendigt.

*

Djævle er som marionetter. Der skal nogen til at trække i trådene. Ellers gør de ingenting.

*

Tro ikke, I skal finde sandheden.

Tro ikke, I skal vinde visdommen.

Tro ikke, I skal søge skønheden.

For I ER:

   Sandheden, visdommen og skønheden.

*

MESTERENS HYMNE

Ensom jeg er; dog med alt forenet.

Tavs, i smerte jeg hviler ved bredden af alt levendes ocean.

Vildt skummer dets frådende bølger mod klippen, hvorpå jeg hviler.

Med sorg, jeg ser det mægtige ocean, der søger at suge mig i sit dyb.

Med sorg, fordi jeg elsker hvert atom i dets bølgende krop.

Engang, om tusinder af år, vil dets bølger hviske ved min fod.

Og når engang dets vandspejl gengiver mit spejlbillede ubrudt, er vi atter ét i HAM, der ER, som vi var det engang, og atter skal blive det.

Tyst toner i nattens time kommende tider for mesterens blik.

Ensom blandt mennesker, utrættelig kærlig, hjælper han alle, der bliver ham var.

Atter og atter stødes han bort af dem, som søgte hans råd.

Sveget og hånet af dem, som fandt TIDEN for kort.

Atter og atter han tog mod de samme igen.

Skadede de nogen, da var det sig selv, aldrig ham.

Hans kærlighed er hans gave og hans værn.

*

Lad mig ydmygt og stille lægge skårene af den kostelige skål, jeg ville skænke dig, på dit hvide alter. Kun du kan se den i dens oprindelige skønhed.

   Lad dit milde lys få brudfladerne til at gnistre som diamanter.

*

Slut

Vi håber du har nydt godt af bogen og beder dig om at bruge et øjeblik på at lave en kort anmeldelse på din foretrukne forhandlerhjemmeside.

På forhånd tak,

Natalie Key Öberg & Erik Istrup

Historien om bogen

IB Fandèr er pennavn for Jørgen-Palle Nielsen. Nielsen finansierede selv trykningen af *Kamals Sange* i Danmark i 1948 uden en udgiver.

Da nogle af Nielsens venner, Anni og Ib Lunau, hørte om hans død i Schweiz, besluttede de at lave et genoptryk af bogen i 1972, som de selv betalt. I 1981 kontaktede *Strubes Forlag* Anni og Ib for at få ophavsretten, som det fik, og udgav titlen samme år.

I 2009, præsenterede en af mine venner mig for 1981 udgaven af *Kamals Sange*, og kort tid efter besluttede jeg at udgive den, hvis jeg kunne få tilladelse til det. Jeg vidste, at *Strubes* var lukket og derfor ikke havde ophavsretten. Så var jeg heldig at finde Anni, nu 80 år, og efter at have mødt hende, valgte jeg at udgive bogen som print-on-demand.

Selvom sangene var tilgængelige igen, jeg følte, at der manglede noget. Sangene, teksterne, manglede musikken. "Musik" kan sættes ind i en bog ved hjælp af billeder, så jeg spurgte min veninde, Natalie Key Öberg, om hun kunne lave nogle malerier eller tegninger, som ville passe med teksterne ... og det gjorde hun! Efter hårdt arbejde, havde hun lavet 37 malerier via computergrafik, som ledsagede teksterne med en symfoni af farver! Sangene af Kamal og malerierne af Natalie, vil nu i fællesskab bringe dine følelser til at danse af glæde.

- Erik Istrup

www.ingramcontent.com/pod-product-compliance
Lightning Source LLC
Chambersburg PA
CBHW041453010526
44107CB00013B/1028